RÈGLEMENT

D'ASSOCIATION

DE FRANCS TRAVAILLEURS.

1848.

NOGENT—SUR—SEINE, TYP. GARREAU & RAVEAU.

ASSOCIATION

DE

FRANCS TRAVAILLEURS

Les travailleurs saluent de leur plus vive reconnaissance la décision du comité du travail et le vœu de l'assemblée nationale. L'heure de l'égalité a sonné, plus de maîtres, plus d'ouvriers; le travail ne sera plus le monopole de l'entrepreneur et du capitaliste. Le travail est au travailleur. Les souffrances et les privations qu'il a endurées depuis cette belle et glorieuse République, vont entièrement s'oublier devant l'ère nouvelle de bonheur et de bien-être que leur ouvrent les dignes représentants de la Nation; qu'ils soient mille fois bénis, car ils ne craignent pas les partis, et le travailleur est le but de leurs plus vives sollicitudes. La patrie va devenir fière et orgueilleuse, parce que les mots sacrés LIBERTÉ, ÉGALITÉ FRATERNITÉ seront vrais, et que la dignité du travailleur sera reconnue. Que l'Assemblée Nationale reçoive les remercîments des travailleurs et que Dieu lui donne récompense.

L'ouvrier sera fier de son travail comme le soldat de sa valeur.

Les travailleurs reconnaissants, au jour du danger, voleront au secours de la patrie et de l'assemblée nationale.

Vive la République ! Vive l'Assemblée Nationale !

Dévise de l'Association.

Union, Fraternité, Humanité, Solidarité et Discipline ; Obéissance aux chefs.

But.

L'entreprise des travaux publics et particuliers au compte et pour le bien de tous ; la juste répartition des salaires et des bénéfices suivant la force, le zèle et l'intelligence de chacun.

Association.

ART. 1er. — L'association se compose d'ouvriers courageux et intelligents, de tous états nécessaires à l'exécution des travaux publics et particuliers.

ART. 2. — Tout ouvrier capable et laborieux dans sa profession, après un mois de travail dans l'association pourra, sur la présentation de deux membres, être reçu associé. Il devra produire un certificat constatant qu'il est de bonne vie et mœurs, ou un livret en règle, avec la signature légalisée du dernier maître où il aura travaillé, prouvant ses bons services.

Aʀᴛ. 3. — Au conseil, présidé par le chef, appartient le droit de recevoir ou de rejeter les ouvriers présentés pour être associés.

Aʀᴛ. 4. — Toutes les réceptions d'associés feront l'objet d'une délibération du conseil.

Composition de l'Administration.

Aʀᴛ. 5. — L'administration de l'association se composera d'un chef, d'un sous-chef, d'un secrétaire et d'un conseil.

Aʀᴛ. 6. — Le chef est le président du conseil.

Aʀᴛ. 7. — Le conseil sera composé de dix membres au-dessous de cent associés; de douze membres, de cent à deux cents associés, et de quinze membres, si l'association est de deux cents à mille.

Aʀᴛ. 8. — Il y aura un brigadier pour huit hommes, le brigadier compris, et un chef d'atelier pour trente à cinquante hommes, suivant les besoins.

Aʀᴛ. 9. — Tout associé faisant partie du conseil sera de droit brigadier et même chef d'atelier, s'il est reconnu par le chef en avoir les capacités

Aʀᴛ. 10. — Les chefs d'ateliers seront au choix du chef de l'association qui les fera ensuite agréer par le conseil.

Élections.

ART. 11. — Le chef, le sous-chef, le secrétaire, le conseil et les brigadiers seront élus par l'association, comme il suit :

Le chef à la majorité des deux tiers de l'association.

Le sous-chef, le secrétaire et le conseil à la majorité des associés.

Les brigadiers, lorsqu'il sera besoin d'en prendre en dehors du conseil, seulement à la majorité relative.

ART. 12. — Le chef, le sous-chef et le secrétaire pourront être élus par acclamation, si elle est unanime ; autrement il y sera procédé au scrutin.

ART. 13. — Le conseil et les brigadiers seront élus au scrutin de liste ; on commencera par le conseil séparément ; si le premier scrutin ne donnait pas, à la majorité, le contingent du conseil, il sera procédé à un second scrutin pour le complément, et la majorité relative suffira pour être élu.

ART. 14. — Il sera formé, pour les élections, un bureau composé d'un président, d'un secrétaire et de quatre scruta-teurs ; ce bureau sera composé des plus instruits, afin d'éviter des erreurs dans l'élection.

ART. 15. — Chaque fois qu'il manquera des chefs dans l'association par suite de retraite, de révocation ou d'augmentation d'associés et d'ouvriers, il sera procédé dans la quinzaine à l'élection de ces chefs, comme il est dit dans les articles de ce chapitre ; en attendant l'élection, le chef fera remplir provisoirement les grades vacans.

ART. 16. — Chaque année, l'association fera de nouvelles élections si la majorité le demande.

Réunions du Conseil et de l'Association.

ART. 17. — Le conseil se réunira tous les quinze jours, le dimanche, pour prendre connaissance des rapports des chefs d'ateliers, et à la fin de chaque mois pour établir les comptes et fixer le prix des journées sur les rapports et propositions des brigadiers et des chefs d'ateliers.

ART. 18. — L'association sera réunie en assemblée générale chaque fois qu'il s'agira de faire une entreprise ou d'en régler le décompte.

ART. 19. — Les réunions du conseil et de l'association auront lieu sur la convocation du chef.

ART. 20. — En cas d'urgence, le chef a le droit de convoquer extraordinairement le conseil dans l'intervalle des époques fixées par l'article 17.

ART. 21. — Le chef a également le droit de convoquer l'association en assemblée générale, lorsqu'il s'agira de prendre une détermination grave ou importante.

ART. 22. — Tout membre du conseil ou tout associé, dûment convoqué par le chef, qui manquerait à deux réunions successives, sera révoqué de l'association.

Entreprises.

ART. 23. — Lorsqu'il s'agira de faire une entreprise, l'association sera réunie en assemblée générale; les devis et détail estimatif des travaux lui seront communiqués et elle décidera à la majorité s'il y a lieu d'entreprendre; en ce cas elle déléguera par une délibération deux de ses membres pour, avec le chef, contracter et signer le marché desdits travaux.

Actes, Contrôle et Comptabilité.

ART. 24. — Un registre spécial, ayant en tête le présent règlement et la liste des associés primitifs, servira à recevoir les procès-verbaux des élections et les délibérations du conseil.

ART. 25. — Les procès-verbaux d'élections seront signés par les membres composant le bureau et le chef de l'association.

Les délibérations prises en assemblée générale de l'association ainsi que celles du conseil, seront signées par les membres du conseil et par le chef de l'association comme président.

ART. 26. — En cas d'absence ou d'empêchement du chef, le sous-chef ou le secrétaire délégué par le chef, présidera le conseil.

Art. 27. — Chaque mois, il sera fait sur le registre dont il est parlé à l'article 24, une nouvelle liste des associés avec observations sur les retranchements et additions; à la suite, il sera fait mention sommaire des ouvriers occupés dans l'association, avec indication de ceux qui seraient aptes à être reçus associés.

Art. 28. — Tout associé sera porteur d'un livret ayant le règlement en tête et la liste des premiers associés. Il y aura assez de blanc à la suite pour marquer, au moins pendant une année, le travail journalier et le décompte de la fin de chaque mois. Chaque feuille sera paraphée par le chef ou par ses délégués.

Il sera également remis des livrets aux ouvriers, mais seulement après un mois de travail dans l'association.

Art. 29. — Un registre sera ouvert pour inscrire quotidiennement les ordres de service donnés au chefs d'ateliers et les rapports de ces derniers.

Art. 30. — Il y aura pour les décomptes de l'association un journal, un livre pour le décompte de chaque associé et ouvrier, et un livre pour le décompte général de la société.

Organisation du Service.

Art. 31. — Il appartient au chef et au sous-chef de l'association de commander A TOUS ET PARTOUT. Les chefs d'ateliers ne donneront des ordres qu'aux brigadiers de leur section, et les

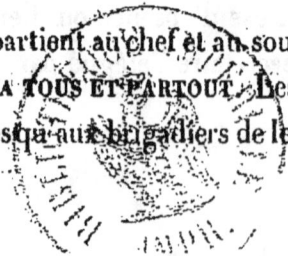

brigadiers ne commanderont que les hommes de leur brigade.

ART. 32. — En cas d'absence d'un chef d'atelier, le premier brigadier sur la liste des élections le remplacera et le premier associé de la brigade remplacera ce brigadier.

ART. 33. — Obéissance absolue est due aux chefs ; chaque associé, brigadier ou chef d'atelier exécutera sans restriction les ordres de son chef, sous peine d'amende et de révocation, comme il est dit en l'article 35.

ART. 34. — A la fin de chaque journée les brigadiers marqueront, sur les livrets des associés et des ouvriers, la durée de leur travail ; ils en feront un rapport verbal au chef d'atelier, ainsi que de la conduite des hommes de leur brigade pour, par le chef d'atelier, en faire un rapport écrit ainsi que du travail exécuté, qu'il remettra le lendemain avant midi, au secrétaire, pour être inscrit sur le registre dont il est parlé à l'article 29.

Discipline et Punitions.

ART. 35. — Toute absence, sans permisssion, sera punie, la première fois, d'une amende d'une journée de travail, la récidive, de deux journées, et la troisième fois de la révocation.

ART. 36. — Si l'absence d'un associé dure huit jours, sans autorisation, il sera rayé de l'association.

ART. 37. — Les permis seront accordés par le chef ou ses

délégués lorsqu'il s'agira d'une huitaine de jours de congé; si l'associé demandait une plus longue permission, il en serait référé au conseil qui pourrait l'accorder, en connaissant l'urgence.

Sont exceptés ceux qui quitteraient pour cause de maladie; toutefois la durée de leur convalescence devra être certifiée par un certificat de médecin.

ART. 38. — Tout associé révoqué ou quittant librement l'association ne participera en rien dans les bénéfices.

ART. 39. — Un associé, une fois le prix de sa journée fixé, ne pourra jamais subir de diminution, seulement si les rapports constatent que depuis deux mois il devient paresseux, il sera révoqué et il subira les conséquences de l'article 38.

ART. 40. — Lorsqu'un chef d'atelier ou un brigadier ne fera pas son devoir, le chef convoquera le conseil qui lui infligera l'amende ou la révocation comme il est dit à l'article 35. — Pourtant si le conseil le reconnaît incapable pour être chef mais bon ouvrier, alors il restera sans grade dans l'association.

ART. 41. — Les ouvriers ne faisant pas partie de l'association, lorsqu'ils manqueront par insubordination ou de toute autre manière, seront renvoyés par les chefs d'ateliers.

ART. 42. — Dans le cas où un chef d'atelier ou un brigadier faisant partie du conseil ne ferait pas son devoir, il ne fera pas partie du conseil qui devra délibérer sur son compte ; alors le conseil sera complété par le premier chef d'atelier ou brigadier pris en dehors du conseil.

ART. 43. — Chaque fois que le conseil s'assemblera , il décidera et infligera , sur les rapports des chefs d'ateliers, les peines encourues par les associés.

ART. 44. — La mauvaise conduite, les injures ou les mauvais propos en dehors du travail, donneront lieu à l'amende et au renvoi, ainsi qu'il est dit à l'article 35 , car l'association devra se faire remarquer par la moralité et la fraternité.

ART. 45. — En dehors du travail *il n'y a plus de chef* ; tous les associés et tous les ouvriers sont frères.

Salaires et Bénéfices.

ART. 46. — La journée de travail sera de dix heures effectives, excepté pendant les mois de décembre et de janvier ; alors le prix de la journée sera réduit d'après le nombre d'heures effectuées.

ART. 47. — Pour mettre l'association à la portée de tous , afin que le faible, le fort, le jeune et le vieux puissent y être admis ; les prix des journées seront divisés en cinq classes, savoir :

La première classe...... .... 3 f. »»» c.

La deuxième idem...................... .... 2 75

La troisième idem 2 50

La quatrième idem 2 25

La cinquième idem .... 2 »»»

Les prix des journées des chevaux des associés seront fixés par une délibération du conseil, suivant les temps et les lieux.

ART. 48. — Ces classes ne concernent aucunement les ouvriers et les voituriers en dehors de l'association ; le conseil présidé par le chef, sur les rapports des brigadiers et des chefs d'ateliers, fixera les prix de leurs journées.

ART. 49. — Les associés participeront dans les bénéfices au marc le franc, et en proportion du nombre et du prix de leurs journées; il en sera de même pour les ouvriers qui auront travaillé jusqu'à la fin de l'entreprise, et que le conseil aura reconnus comme ayant mérité de l'association.

Les voituriers associés participeront dans les bénéfices dans la proportion d'une journée de travail de cheval pour une journée d'associé de première classe.

Les voituriers non associés n'auront aucune participation dans les bénéfices.

ART. 50. — La répartition des bénéfices sera faite de la manière suivante :

1° Un cinquième pour former une caisse de réserve et de secours.

2° Deux cinquièmes partagés entre les associés seulement.

3° Et deux cinquièmes partagés entre les associés et les ouvriers comme il est dit dans l'article précédent.

ART. 51. — Les ouvriers non associés n'auront aucun droit à la caisse de réserve ainsi qu'aux deux cinquièmes partagés dans l'association.

ART. 52. — Dans le marc le franc, il ne figurera pas de fractions de centime, ces fractions seront appliquées aux frais de bureau.

ART. 53. — Les traitements du chef, du sous-chef et du secrétaire, seront fixés dans la première délibération du conseil à la suite des élections, ils participeront en outre comme associés, dans les bénéfices, au marc le franc de leurs appointements.

ART. 54. — Les traitements des chefs-d'ateliers seront fixés ultérieurement; ils pourront être pris en dehors de l'association.

ART. 55. — Les brigadiers seront payés à la première classe, et recevront, en outre, vingt-cinq centimes en plus par jour; ces vingt-cinq centimes seront payés une fois pour toutes , et ne figureront en aucune manière pour le partage des bénéfices.

ART. 56. — Un associé, signalé sur les rapports du brigadier et du chef d'atelier comme étant devenu plus courageux ou plus intelligent, recevra de l'avancement en classe.

Paiements.

ART. 57. — Le siége de la Société est en la demeure du chef.

ART. 58. — Les fonds seront perçus par le chef en présence de deux membres du conseil , en cas d'empêchement du chef, par son délégué qui donnera acquit en sa place.

ART. 59. — Les comptes seront arrêtés par le conseil à la fin de chaque mois ; les associés et les ouvriers recevront la totalité de ce qui leur sera dû , le premier dimanche après l'encaissement des fonds.

ART. 60. — Les bénéfices seront répartis après le réglement définitif de chaque entreprise.

ART. 61. — Dans le cas où il faudrait payer de suite une partie du matériel et des fournitures, chaque associé fournira, suivant ses ressources, une somme qui mettrait à même de n'apporter aucun retard dans l'exécution des travaux.

ART. 62. — Chaque associé recevra l'intérêt à raison de

5 p. 100 l'an, de son avance de fonds jusqu'au remboursement.

Art. 63. — Il sera pris sur les bénéfices pour rembourser les avances de fonds.

Art. 64. — Le premier de chaque mois, sur la présentation du secrétaire, le conseil vérifiera les dépenses diverses et les fournitures relatives à l'entreprise faite dans le mois précédent, et les acceptera s'il y a lieu ; ces dépenses seront ensuite payées par le secrétaire et portées sur le livre de l'association.

Art. 65. — Tous les paiements seront faits par le secrétaire, en présence du chef et de deux membres du conseil pris à tour de rôle.

Art. 66. — La caisse de l'association est placée sous la garde du chef, du sous-chef et du conseil.

Caisse de Réserve.

Art. 67. — Le cinquième de réserve servira au soulagement des malades et des blessés de l'association, ainsi qu'à former une caisse de retraite.

Art. 68. — Un règlement particulier discuté et voté en assemblée générale, déterminera d'une manière positive l'emploi de ces fonds.

Règlement.

Art. 69. — Le conseil, en s'adjoignant des associés en

nombre égal à celui des membres qui le composent, pourra faire au présent règlement les retranchements et les additions que l'expérience fera reconnaître utiles.

Aux Ormes, le 26 juillet 1848.

Le fondateur de l'Association,

SAILLART.

LE COLLABORATEUR,

LEROY.

Tout contrefacteur sera puni rigoureusement

Nogent-sur-Seine, Imprimerie de Garreau et Raveau.